WEG VOM EX!

Bibliografische Information
Der Deutschen Bibliothek
Die Deutsche Bibliothek verzeichnet diese
Publikation in der Deutschen Nationalbibliografie;
detaillierte bibliografische Daten sind im
Internet über http://dnb.ddb.de abrufbar.

Titel der Originalausgabe: „I'm fine.
A Really Helpful Guide to the First 100 Days
After Your Breakup"

Erschienen bei Quirk Books, Philadelphia 2004

Deutsche Erstausgabe

Ein Unternehmen der La Martinière Groupe

Illustrationen: Mandana Hoveyda
Gestaltung: Bryn Ashburn
Collagen: Bryn Ashburn, Karen Onorato
und Cheyenne McGarvey
Satz: satz & repro Grieb, München
Druck: Exel Printing Company, Hongkong
Printed in China

ISBN 978-3-89660-414-9

www.knesebeck-verlag.de

WEG VOM EX!

Ein Entwöhnungsprogramm in 100 Schritten

von Mandana Hoveyda

Aus dem Amerikanischen von Martina Tichy

KNESEBECK

Für Mojagan Jaypour

(mit einem Extradank an
Mom, Dad und Roxy)

VORWORT

Liebe ist der beste Lehrmeister, so heißt es. Der Meinung bin ich auch.

Vor allem, wenn ich daran zurückdenke, wie er mit mir Schluss gemacht hat.

Es war März, es war saukalt, und es regnete. Wir hockten in einer Bar, ich hatte uns gerade ein Bier bestellt.

Und saß dann da, mit zwei Gläsern vor mir und ohne jeden Plan. Außer, alles bis auf den letzten Tropfen auszutrinken.

Auf dem Heimweg hörte ich jemanden sagen, dass Dylan Thomas sich exakt in dieser Bar zu Tode gesoffen hat.

Danach eröffnete sich mir eine völlig neue Welt.

In der sich die verschiedensten Gefühle austobten (Wut, Hass und Rache, um nur einige zu nennen). Eine Welt, die mannigfaltige Tröstungen bot: Yoga, Religion, Essen, Gymnastik, Diäten, Trinken, ganzheitliche Medizin, Gurkenmasken, Maniküre, Pediküre, Haustiere, Zeitschriften, Bücher, Fernsehen, Astrologie und Shoppen. Eine Welt, in der man ohne weiteres in einer Woche 15 Pfund abnehmen und in der nächsten 17 Pfund zulegen konnte.

Vor allem aber habe ich gelernt, dass ich damit nicht allein dastand. Wer hat nicht schon eine Trennung durchgemacht – und tierisch darunter gelitten? Und ja, es ist völlig natürlich, dass einem plötzlich die finstersten Gedanken kommen, so was wie: Wenn man ihn nun auf dem Grund des Stausees findet, mit einem schweren Klotz am Bein…

Kommen Sie von solchen Gedanken los – und von der Couch hoch. Dieser Führer hilft Ihnen, jeden einzelnen der ersten 100 Tage nach der Trennung durchzustehen. Schließlich haben Sie in den vergangenen acht Monaten Tag für Tag gemeinsam mit Ihrer besseren Hälfte die Zeit totgeschlagen – und wissen nun, so ganz auf sich gestellt, nichts mit sich anzufangen.

Und denken Sie immer daran: Wenn ich es geschafft habe, die Trennung zu überleben, dann schaffen Sie es auch.

Viel Glück!

☑ 1. Tag:

- Aufstehen.
- Zur Arbeit gehen.
- Und losheulen.

Keine von seinen süßen alten E-Mails lesen. Nicht dasitzen und das Telefon anstarren. Alle seine Fotos vom Schreibtisch räumen. Und nicht bei ihm anrufen. Bitten Sie Ihre beste Freundin, heute bei Ihnen zu übernachten. Morgen früh ist Ihnen klar, warum.

TINA! ES IST AUS! HÖR AUF, HIER ANZURUFEN!

2. Tag:

Allein aufzuwachen ist NICHT lustig. Gut, dass Ihre beste Freundin da ist und Sie sich gleich bei ihr ausheulen können. Außerdem hat sie Sie gestern Abend davon abgehalten, bei ihm anzurufen. Und jetzt raus aus der Bude. Vorher noch den Anrufbeantworter ausschalten. Hoffen Sie ja nicht darauf, dass er sich meldet, während Sie weg sind.

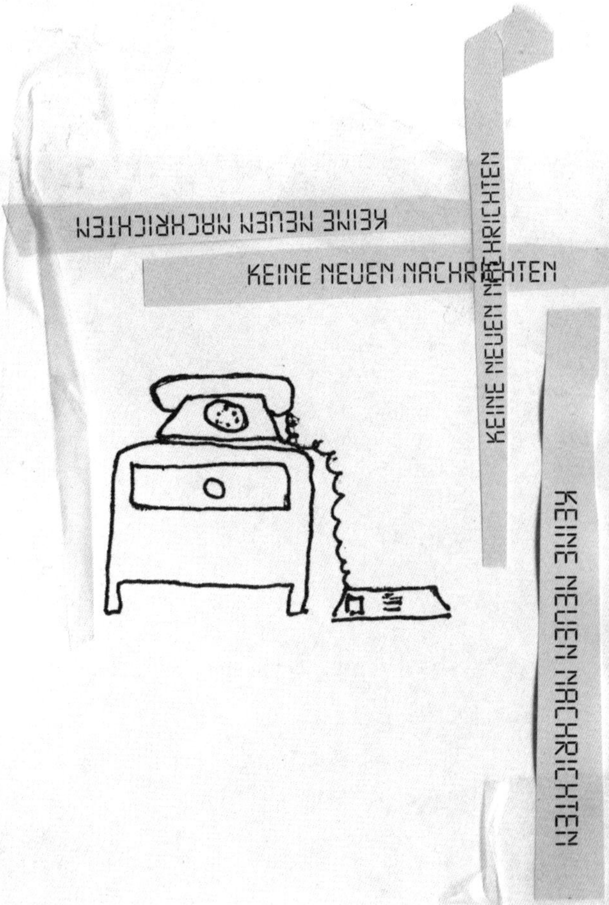
KEINE NEUEN NACHRICHTEN
KEINE NEUEN NACHRICHTEN
KEINE NEUEN NACHRICHTEN
KEINE NEUEN NACHRICHTEN

3. Tag:

Nicht bei ihm anrufen. Ihm auch keine E-Mail schicken. An ihn zu denken, ist okay, aber das muss er ja nicht wissen.

TINA!
ICH WEISS, DASS DU ES BIST ...

☑ 4. Tag:

Suchen Sie sich eine Therapeutin. Klingt nach Klischee, aber in zwei Wochen, wenn Ihre Freunde das Genöle über die Trennung allmählich leid sind und Sie durchdrehen, weil es immer noch so wehtut, werden Sie mir dankbar dafür sein.

Hallo, ist da Oprah Winfrey?

Die Bilder lege ich am besten hier hin, da sieht sie sie gleich.

~~4~~ 5. Tag:

Alle alten E-Mails von ihm ausdrucken. Nicht lesen. In einen Umschlag stecken, zusammen mit allen Andenken und den Bildern von ihm (außer den beiden übelsten, die extra aufheben), und Ihrer Mutter schicken. Sie soll sie in den Keller tun, irgendwohin, wo Sie nicht versehentlich drauf stoßen, solange Sie noch nicht dafür bereit sind.

☑ 6. Tag:

Die erste Woche ist fast geschafft: Höchste Zeit, seinen Eintrag im Telefonbuch mit Tipp-Ex zu löschen. Schreiben Sie irgendeinen anderen Namen an die Stelle, damit Sie IHN auf keinen Fall anrufen können, auch wenn Sie noch so verzweifelt sind. Und glauben Sie mir, Tipp-Ex lässt sich nicht abkratzen. Ich hab's versucht.

Das war eine BLÖDE Idee.

7. Tag

Raus mit seinen Klamotten aus Ihrer Wohnung. Ja, Sie kriegen das hin. Ja, auch das weiße T-Shirt, das Sie zum Schlafen anziehen. Ich weiß, es steht Ihnen super, aber die Lage erfordert drastische Maßnahmen. Alles in einen Müllsack stopfen und ab damit. In die Tonne. Nach draußen. Dann losheulen.

Gehört zur Therapie.

Äh... hallo?... Ist da das Amt für Stadtreinigung?... Ich habe aus Versehen...

8. Tag:

Fahren Sie weg. Wenn's geht, besuchen Sie Ihre Eltern. Da können Sie vor dem Fernseher sitzen und ihnen die Ohren vollheulen, und sie bringen Ihnen Kekse und nehmen Sie in den Arm und versorgen Sie mit Taschentüchern. Und wenn Ihre Eltern auch nur entfernt so sind wie meine, dann treibt ihr ewiges Gerede über die Steuer Sie dermaßen zum Wahnsinn, dass Sie nicht mehr nur noch komplett am Boden zerstört sind.

Sondern GENERVT.

Glückwunsch, Sie machen Fortschritte.

Geht mir weg mit euren verdammten Keksen!!!
Wollt ihr eine TONNE aus mir machen!!!??!!
Eure Steuern sind mir schnurzegal!
Wo ist der Muschel-Dip!?!

ACH ALEX...

ACH TINA,
ICH LIEBE DICH...
VERLASS
MICH NIE...

9. TAG:

Nur Schwachsinnsfilme gucken.
Nichts mit Tiefgang — Sie denken ja sowieso an nichts anderes als an IHN.

10. Tag:

Nicht bei Freunden nachfragen, was er so macht. Okay, wenn's unbedingt sein muss — aber nur Freunde, die ihm garantiert kein Wort davon sagen. Nicht, dass ihm was zu Ohren kommt.

Jetzt sag schon,
mit wem er ausgeht,
sonst bring
ich dich um!

WIE BITTE?!
MÄNNER
Beziehungskrampf
Beziehungsfrust
LERNE DICH SELBST ZU LIEBEN

11. Tag:

Steuern Sie eine höhere Ebene an:

Liebesratgeber.

12. Tag:

Achten Sie bei Liedern nicht mehr auf die Texte. Vor allem nicht bei Liedern, in denen es um Liebe oder Trennung geht. Das ist jetzt nicht der richtige Zeitpunkt, Ihren musikalischen Horizont zu erweitern und ständig Countrymusik zu hören, es sei denn, Sie können darüber lachen oder menschliche Verluste als schöne Erfahrung verbuchen.

Geschenkt, das kriegen die meisten von uns nicht hin. Versuchen Sie's mit Techno, da gibt's keine Texte.

DIE LIEBE
IST
ENTSCHWUNDEN
HAB NIE MEHR
SIE
GEFUNDEN ...

13. Tag:

Achtung: Sie sehen ÜBERALL sein Gesicht vor sich. Ist vollkommen normal. Kein

Grund zur Sorge.

14. Tag:

Schauen Sie um Himmels willen nicht in die Zeitung. So weit sind Sie noch nicht, glauben Sie mi

Das Einzige, was Ihnen ins Auge springt, ist die Sportseite.

DAS IST DOCH ALEX!
MIT EINER ANDEREN!!!
BEI HOLIDAY ON ICE!!!!
SPORT

15. Tag:

NICHT bei ihm vorbeifahren und nachsehen, ob Licht brennt. NICHT bei ihm vorbeifahren und nachsehen, ob irgendwelche „fremden Autos" davor parken. Und nicht im TRAUM daran denken, in seinem Müll herumzuwühlen. Pfui bäh.

Was zum TEUFEL ist DAS?
Abfall

☑ 16. Tag:

- Mit Freunden essen gehen. KEINE PÄRCHEN!!!
- Einen Drink bestellen und über IHN reden.
- Mittlerweile vermutlich ohne zu heulen. Vermutlich.

Buuhuuu...
Mein Leben ist vorbei...
Erde, öffne dich und verschling mich mit Haut und Haar...
Buuhuuu...
Lieber Gott, hilf mir!
O Satan, nimm Alex zu dir!!!

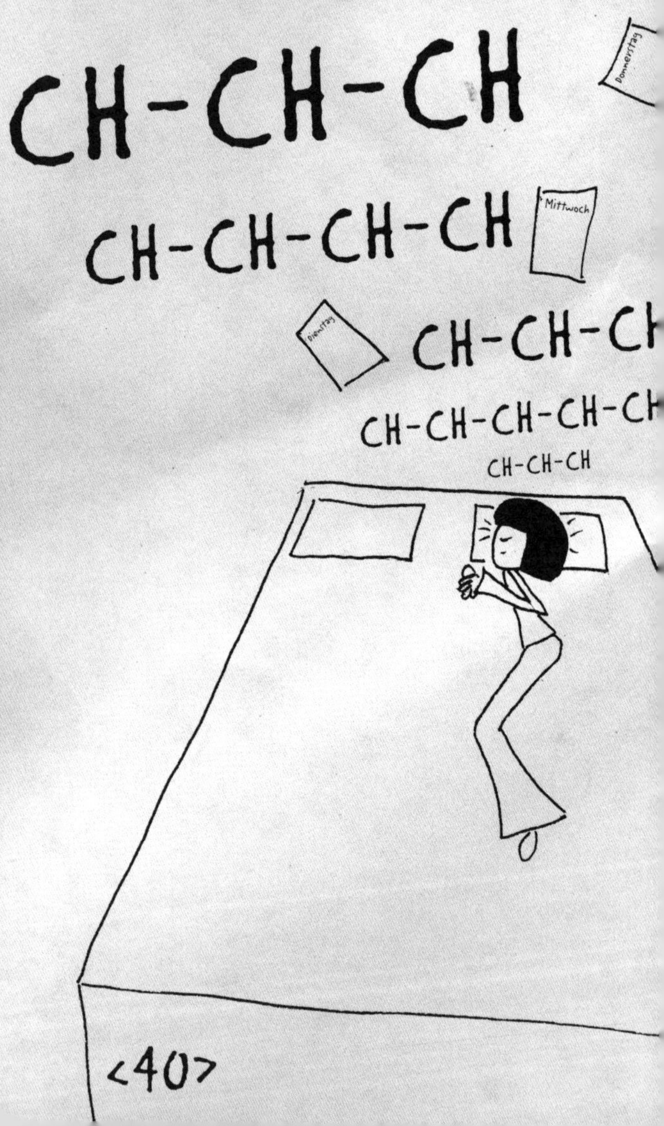
CH-CH-CH
Donnerstag
CH-CH-CH-CH
Mittwoch
Dienstag
CH-CH-C
CH-CH-CH-CH-C
CH-CH-CH

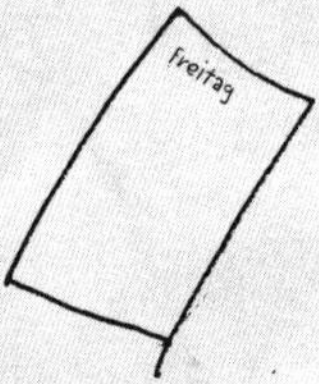

17. Tag:

Schlaflosigkeit. Das war zu erwarten. Aber Schlaftabletten machen **dösig**, und Saufen macht **blöd**. Versuchen Sie's mit Melatonin. Wirkt wahre Wunder.

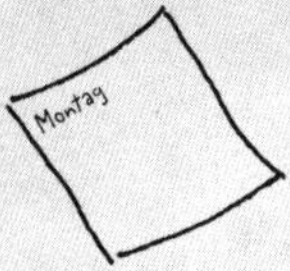

18. Tag:

Sie brauchen ein neues Hobby. Es muss Ihre volle Konzentration erfordern, damit Ihre Gedanken auch beim Fernsehen oder Musikhören nicht zu IHM abschweifen. Wie wär's mit Sticken?

RUHE
IN
FRIEDEN

19. Tag:

Okay, was war in der Welt sonst noch so los? Sie können ruhig wieder die Zeitung aufschlagen.

Aber NICHT

den Sportteil!

DA — DA IST ALEX! MIT EINER ANDEREN!!! BEI EINER KATZENSCHAU!!!!
SPORT

~~1~~ 20. Tag:

Shoppen gehen. Was gibt es Tröstlicheres als einen rattenscharfen rosa Fummel, den Sie nie anziehen werden, in dem Sie aber absolut umwerfend aussehen?

Und OB ich
den anziehen
werde!!!

21. Tag:

- Ab zur Maniküre.
- Verlangen Sie den ultimativen Girlie-Look.

...dann werde ich eben gefeuert!
Mit DEN Nägeln tippen?
IS NICH!

22. Tag:

Auf zur Pediküre. Nie waren
Jawohl, auch wen

...bitte einmal komplett überarbeiten.

schöne Füße so wertvoll wie heute.

es mitten im Winter ist und
kein Mensch sie sieht.

23. Tag:

Schuhe kaufen: vorne offen, hinten irre hoch, die Sorte, in der man keinen Schritt laufen kann. Geld ist in dieser Phase kein Thema. Das verstehen sogar Kreditkarten-unternehmen.

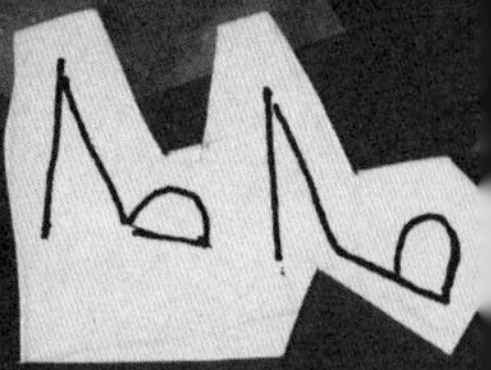

...nein, ich glaube, diesen Monat bleibe ich zu Hause ...

24. Tag:

Lange nicht mehr tanzen gewesen. Der mieseste Schuppen ist gerade gut genug. Tequila Sunrise bis zum Untergang!

Feierabend...
JUHUUU...
Party!!!!
Tina!!!

25. Tag:

Shoppen gehen. Noch mal: Geld ist zurzeit kein Thema. Kaufen Sie Klamotten, die Sie sich absolut nicht leisten können. Am Ende zu sein, weil Sie zu viel Geld ausgegeben haben, ist um Längen besser, als sich wegen Wie-hieß-der-Typ-noch-mal graue Haare wachsen zu lassen.

KONTO ÜBERZOGEN.
UND ZWAR HEFTIG.
Geldautomat

26. TAG:

Gehen Sie ins Museum — danach fühlen Sie sich mit Sicherheit wahnsinnig klug und kultiviert, auf alle Fälle viel klüger und kultivierter als Ihr Ex.

Was bedeutet, dass Sie ihm intellektuell weit überlegen sind!

Und schon deshalb auf **keinen Fall** wieder mit ihm zusammenkommen können.

Das wäre echt der Abschuss.

schwarz

☐ 27. TAG: Nicht bei ihm anrufen.

TINA!
HÖR
ENDLICH
AUF
DAMIT!!

Genau wie bei mir — die Protagonistin wird mir nichts, dir nichts von einem Vollversager **fallen gelassen!**

28. Tag:

Suchen Sie Anschluss an einen Literaturzirkel. Nein, das ist nicht bloß was für vertrocknete alte Jungfern. Damit sind Sie in null Komma nichts voll auf der Intellektuellenschiene. Und können endlich mal über was anderes reden als über das Buch der tausend Biere.

29. Tag:

Konsultieren Sie eine Astrologin. Intellektuell daherzuschwafeln ist voll okay, aber man braucht auch mal wen, der einem einfach sagt, dass man ohne IHN besser dran ist und beruflich kurz vorm Abheben steht.

Was soll das heißen, da liegt kein Irrtum vor? Nie im Leben habe ich 6000 Dollar VERTELEFONIERT!
1-900-Astrologix

☑ 30. Tag:

Bringen Sie ALLES in Zusammenhang mit IHM:

- Nein, nicht in das Restaurant, da sind WIR immer hingegangen.
- Nein, kein Taxi, das haben WIR sonst immer genommen.
- Nein, nicht die Straße, die sind WIR mal entlang-gelaufen.

Ich würde ja gern,
aber ich kann nicht...
Ich bin doch immer zusammen
mit Alex aus dem
Haus gegangen...
Miss Trauerkloß

31. Tag:

Leihen Sie ein Doku-Video aus. Ist um Klassen besser als Volkshochschulkurse in Kunstgeschichte. Mit einem Schlag gehören Sie zur Szene. Und mussten sich dafür nicht zwei Stunden lang Dias von Barock- und Rokokokirchen ansehen.

...abörr die
Qualität von die
Prodüksion war
schrecklisch,
und die
Aufnahmeteschnik
'at mir
auch nischt
gefallen...

32. Tag:

Und wieder ab zum Shoppen. Ihre Stimmung ist leicht verbittert – äh, verbessert? Egal, Sie könnten ihm über den Weg laufen. Und Sie haben die Wahl: entweder Scheiße auszusehen oder wie jemand, der nie im Leben mit IHM ausgehen würde. Also, ich plädiere für das zweite.

Okay, das Tank
Top trage ich jetzt seit
30 Tagen am Stück...
...Wann laufe
ich ihm endlich über den Weg?

33. Tag:

Denken Sie dran, Ihnen stehen nach wie vor alle Möglichkeiten offen. Aber welche genau? Da wüsste ich eine geniale Fundgrube: die Gelben Seiten.

Suchen Sie sich was echt Originelles heraus. Ich hab mich aufs Fechten verlegt, so mit Degen und Maske und allem. Hat erstens einen völlig neuen Menschen aus mir gemacht und mir zweitens ermöglicht, nach Herzenslust auf einen Gegner einzustechen.

...ja, also ich hab mich eigentlich immer schon für Lap-dancing interessiert.

34. Tag:

Ihrem Gefühl nach sind Sie mittlerweile ein gute
dass Sie ihn anrufen können (sind Sie nicht), bloß
können Sie sich sparen) und ihn wissen zu lasse

wenn Sie nichts von sich hören lassen), um zu beweise
vorzuschlagen, dass Sie doch weiter Freunde bleibe

ück weiter (sind Sie), und zwar so weit,
h zu erkundigen, wie's ihm geht (gut — die Auskunft
s bei Ihnen alles okay ist (davon geht er aus,
ss Sie über ihn hinweg sind (sind Sie nicht),
eine Chance) oder wenigstens nett (vergessen Sie's)
miteinander umgehen (vergessen
Sie's, habe ich gesagt!!!) könnten.

TINA! HÖR AUF, MICH STÄNDIG ANZU-RUFEN!

35. Tag:

Erzählen Sie einer gemeinsamen Freundin, wie super es Ihnen geht. Das kriegt er zu hören, unter Garantie.

...und gestern haben sie mich für den Pulitzer-Preis nominiert, ein absolutes Novum in der Werbebranche...

36. Tag:

Sie sollten doch die beiden übelsten Fotos von ihm aufheben. Die kramen Sie jetzt raus und fragen ein paar Leute, die ihn nicht kennen, was sie davon halten.

Keine Ahnung, Tina,

also ich finde ihn süß...

Darf ich mir den mal für
einen Abend schnappen?

37. Tag:

Überlegen Sie mal: Was fanden Sie anfangs an ihm eklig, später dann ganz nett, eigentlich aber doch echt eklig?

Z. B. die Leberflecken, die Speckröllchen, die schiefen Zähne und den fiesen Hautausschlag.

38. Tag:

NICHT bei ihm anrufen und gleich wieder auflegen.

Manchmal fällt die Technik uns MÄDELS in den Rücken.

6
9

Faszinierend!
ECONOMIST

39. Tag:

Lesen Sie die Zeitung von vorne bis hinten. Dann noch den Economist und andere seriöse Magazine, bis Sie die Storys auswendig runterbeten können. Es geht wieder um den intellektuellen Touch.

☑ 40. Tag:

Stellen Sie sich vor, wie er furzt.

41. Tag:

Gehen Sie in eine Theatergruppe. Früher oder später werden sie IHM über den Weg laufen, da ist es gut, wenn Sie die Gleichgültige spielen können.

Oh, Alex,
warum denn Alex …
DA STEHT ROMEO, DU ROMEO, TRANTÜTE.
REGISSEUR!

Mund zu!
Es blendet!
Da wird man ja schneeblind!!

42. Tag:

Zahnpeeling. Die Extra-
intensivbehandlung.

43. Tag:

Denken Sie daran, wie er immer Süße und Schatzi zu Ihnen gesagt hat

und wie

blöd Sie das fanden. Jedenfalls ganz zu Anfang.

ACH JA?...
HAST DU DIE NEUE SCHNUCKELMAUS
BEI MTV SCHON GESEHEN?...
TINA, SÜSSE,
HOLST DU MIR
NOCH 'N
BIER?

44. Tag:

Werfen Sie die ganze sauunbequeme Unterwäsche weg, die Sie nur seinetwegen gekauft haben.

Aua ... da hast du dir vielleicht was angetan!

45. Tag:

Färben Sie sich die Haare. Karminrot wirkt bei mir immer Wunder.

Na super!

Alles, was ich an Alex hasse

1.

46. Tag:

Schreiben Sie alles auf, was Sie an ihm gehasst haben. Halten Sie die Liste immer parat, und schauen Sie drauf, wenn Ihnen danach ist, ihn anzurufen.

47. Tag:

Entwerfen Sie ein kleines Drehbuch, mit Ihnen al
Hauptdarstellerin. Es fängt so an: Sie ge
die Straße entlang, fühlen sich super,
sehen super aus. Sie biegen um die Ecke. Schnitt:
Ein Paar kommt Ihnen entgegen. Sie wirken
sehr verliebt. Schnitt: Die Frau in Nahaufnahme.
Sie ist groß, blond und rappeldünn. Sieht aus
wie ein Model. Ihnen geht auf, dass das Ihr Ex
mit seiner neuen Tussi ist. Es führt
kein Weg an ihnen vorbei. Okay, jetzt sind Sie dran.
Wie geht es weiter? Wie SOLL
es weitergehen? Denn

das wird es früher oder später. Hauptsache,
Sie sind gut vorbereitet und ziehen es
lässig durch.
Na bitte, war die Theatergruppe also
doch zu was nütze.

Nimm mich zurück!!! Ich bin auch ganz lieb, versprochen!!!

☑ 48. Tag:

- Schreiben Sie ihm einen ganz fiesen Brief.
- Und zerreißen Sie das Ding auf der Stelle.
- So was nie und unter keinen Umständen jemals absenden. In dem Zustand wollen Sie sich doch nicht im Ernst irgendwem ans Messer liefern.

Lieber Alex,
du bist ein besch...
A...loch, du hast mir
mein Leben versaut,
du mieser W..., und zwar
für immer.

Ich hasse dich.
Ich hasse dich.
Ich hasse dich.

Alles Liebe, Tina

PS Melde dich

…und dann
hat er gesagt…

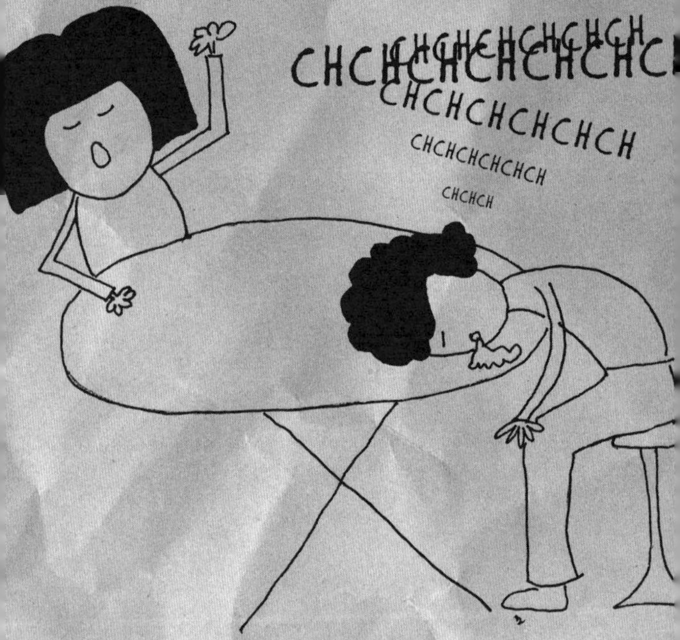

49. TAG:

Rufen Sie eine Freundin an, die Sie seit Ewigkeiten nicht mehr gesehen haben. Machen Sie eine Kneipentour. Und erzählen Sie ihr alles haarklein, bis ins peinlichste Detail.

50. Tag:

Halbzeit!

Zur Feier des Tages lassen Sie sich den teuersten Fraß im ganzen Viertel anliefern.

Laden Sie einen Haufen Freunde ein, und geben Sie sich die Kante.

Haha!
Die Neue hat
GEFURZT.
BAAAAH!
PFFt

51. Tag:

Gehen Sie zum Yoga. Sich Knoten in die Beine zu machen, wirkt Wunder bei geistiger Verstopfung. Außerdem lernen Sie dabei jede Menge netter neuer Leute kennen.

~~4~~ 52. Tag:

Zeit für Kräuterwickel
und Schlammpackungen.

Das volle Brautprogramm, oder??!!
SPA

Auch eine?
Hey Tina,
du hast den Dreh echt gut raus.

53. Tag:

Rauchen und Kräutertee trinken — that's it!

54. Tag:

Dank der berühmten Feministinnen wissen wir, wie frau solo überleben und glücklich sein kann.

Hallo Süße ...
LESBEN VOR, NOCH EIN TOR
Steh auf Mädels
STEH AUF SIXPACKS!

55. Tag:

Es gibt ja immer noch so was wie

künstliche Befruchtung.

Institut für künstliche Befruchtung

56. Tag:

War er am Rücken eigentlich krass behaart? Wucherte es aus seinen Ohren, oder hatte er zusammengewachsene Augenbrauen?

...ha ha... und diese ekligen Büschel, die ihm aus den Ohren kamen, weißt du noch?
Äh, Tina... die hast du!

TINA,
ICH WEISS, DASS DU DAS BIST!
HÖR AUF DAMIT!
Schweres Atmen

□ 57. Tag:

Nicht bei ihm anrufen.

58. Tag:

Besuchen Sie am Wochenende ganz spontan alte Studienfreunde. Und veranstalten Sie fröhliche Trinkspielchen. Es macht einen Heidenspaß, Münzen über die Nase kullern zu lassen.

...hoch
die Tassen
Voll daneben, Mann.

☑ 59. Tag:

- Shoppen, Shoppen und nochmals Shoppen.
- Dem Typ im Laden sagen Sie bloß, dass Sie frisch getrennt sind. Den Rest erledigt er.
- Wenn man bei Ihnen nirgendwo anständig shoppen gehen kann, ziehen Sie nach New York.

Was soll das heißen, mein Kredit ist ausgeschöpft!?

60. Tag:

Nehmen Sie ein Schaumbad. Aber unter KEINEN Umständen ausgerechnet heute versuchen, unter Wasser länger als menschenmöglich den Atem anzuhalten.

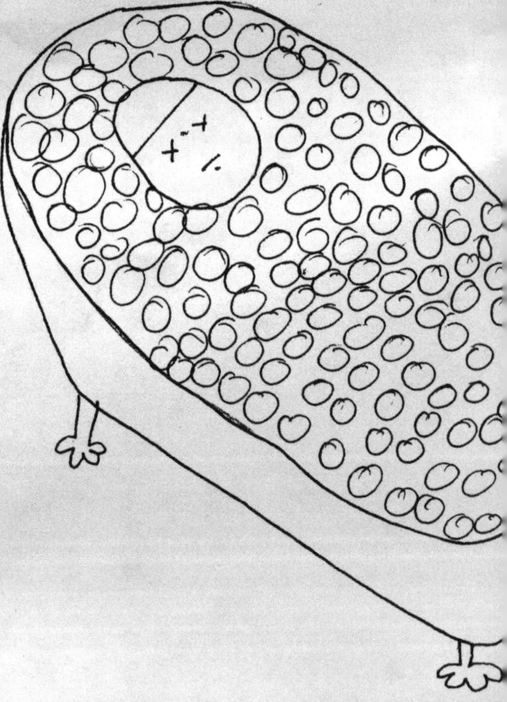

KRANKENWAGEN

61. Tag:

Nicht zu Bürozeiten bei ihm zu Hause anrufen, nur um sein Stimme auf dem Anrufbeantworter zu hören.

WILLST DU NICHT RANGEHEN?
NÖ. DAS IST BLOSS MEINE DURCHGEKNALLTE EXFREUNDIN.
LUST AUF 'NE RUNDE NINTENDO?

62. Tag:

Meine Freundin und ich malen uns ganz, ganz heimlich gern die irrsten Sachen aus: wie wir uns zum Beispiel mit unseren neuen Lovern in der Flughafenbar vom JFK treffen und übers Wochenende zu „croissants et amour" nach Paris jetten – sobald wir mit unseren Cocktails fertig sind.

Lassen Sie doch auch mal Ihrer Fantasie freien Lauf.

Macht großen Spaß.

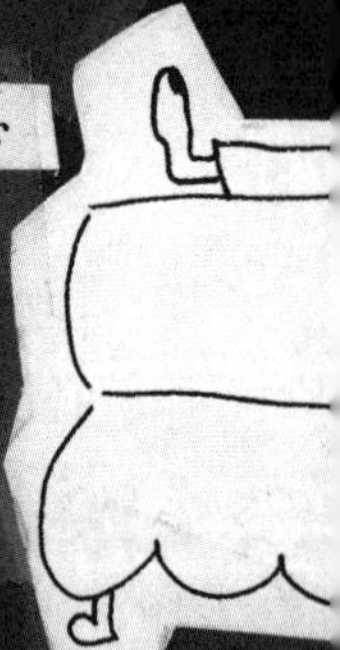

...und dann stirbt Alex einen langen, qualvollen Tod, das Blut quillt ihm aus den Ohren...

63. Tag:

Zeit für eine Gesichtsmaske.
Es gibt nichts Besseres als schöne reine Haut. Na gut, vielleicht doch: schönen saftigen Klatsch.

Ich habe einen neuen Freund, er heißt ALEX und findet meine reine Haut ganz toll...

64. Tag:

Kaufen Sie sich
eine Lederhose.

Sieht voll bescheuert aus.

65. Tag:

Gehen Sie ins Fitnessstudio. Manch
trainieren nach einer Trennung wie
blöd. Ich nicht. Ich sitze
so lange rum und jammere,
bis die Leute nicht
mehr darüber reden,
wie leid ich ihnen tue,

sondern wie viel ich
zugenommen habe.

Keine Ahnung, wie's Ihnen damit geht, aber ich lasse mich echt liebend gern bedauern.

66. Tag:

Geben Sie eine Party. Die ganze Vorbereitung und die Aufräumaktion danach – eine super Ablenkung.

Hallo Tina. Danke für die Einladung... wo ist denn Alex?
Na toll. Nicht schon wieder!
Ich verzieh mich.

67. Tag:

- Nehmen Sie das Leben von der heiteren Seite.
- Machen Sie sich über Ihren Ex lustig.

DAMIT DU ES WEISST... WIR SIND IMMER NOCH GUT BEFREUNDET MIT IHM.

68. TAG:

Nicht bei Ihren Eltern anrufen.
irgendwelchen netten jungen Männer
Ihnen so hanebüchene Storys wie,
Mann im Internet kennen gelern

e fragen bloß, ob sie mit
us gewesen sind. Und verzapfen
ass die Nachbarstochter ihren
at. Eltern sind herzlose Wesen.

69. Tag:

Erweitern Sie Ihren Wortschatz. Suchen Sie sich ein paar Adjektive aus dem Wörterbuch heraus. (Gut sind z.B.: retardiert, repressiv und renitent.) Legen Sie sich einen Satz damit zurecht, etwa so: „Alex' Verhalten nach unserer Trennung ließ nur einen Schluss zu: Er ist retardiert, repressiv und renitent."

Er war eindeutig retardiert, repressiv und renitent, deshalb haben wir uns getrennt.
Ach ja??? Ich dachte, er war schnuckelig, süß und supertoll???

70. Tag:

Sagen Sie ihm, Sie wollten endlich vorbeikommen und Ihre ganzen Sachen abholen. Funktioniert hervorragend. In null Komma nichts steht ein Kurier mit Ihrem Hab und Gut vor der Tür.

Drei Jahre später
Ja klar, Alex ... wann immer es bei dir passt ...
schick mir das Zeug einfach her.

71. Tag:

Sprechen Sie eine neue Ansage auf Ihren Anrufbeantworter und Ihre Mailbox. Sie sind gut drauf. Sie vermissen ihn kein bisschen. Um genau zu sein: Sie sind besser drauf als jemals zuvor. „Und", heißt es überall, „wieso warst du mit IHM zusammen nie so gut drauf?"
Hmmmm, gute Frage.

HEY TINA,
FREUT MICH ZU HÖREN,
DASS ES DIR GUT GEHT.
ICH HAB MICH NÄMLICH
VERLOBT ...
BIS DANN!

72. Tag:

Sie sind immer noch nicht drüber weg?

Fühlen sich wie ein Häufchen Elend?

Halten Sie sich vor Augen, wie beliebt Sie sind. Und wie viel Spaß Sie mit Ihren Freunden haben. Drücken Sie jedem eine Wegwerfkamera in die Hand, und gehen Sie mit ihnen tanzen. Dann knipsen Sie drauflos.

Na also – war doch ein ganz lustiger Abend, oder?

Ja... ich bin drüber weg. Bis dann.
Ich auch.
Ja... ich bin auch drüber weg. Bis dann.

73. Tag:

Fragen Sie zur Sicherheit noch eine andere Astrologin, ob Sie auch auf dem richtigen Weg sind.

Wirklich?

Sie meinen, es steht in den Sternen geschrieben

O ja, Schätzchen,
er liebt
sie ...

74. Tag:

Gehen Sie regelmäßig zu Weinproben. Nein, das ist keine billige Masche, um Typen aufzureißen. Auf die Art kann man sich an einem Montagabend völlig legitim betrinken.

ECHT ZUM KOTZEN.

75. Tag:

Legen Sie was von Carly Simon auf. Am besten „Coming Round Again". Da schwingt so viel mit. Ein Mädel, das über eine Trennung von James Taylor hinwegkommt und sich davon noch zu so was inspirieren lässt …

...wie wär's
mit einem
Trennungskalender...
Doofe
Idee.

76. Tag:

Freunden Sie sich mit seinen Verflossenen an. Wenn er wirklich so ein mieser Typ ist, müsste es jede Menge davon geben, ist also kein Problem.

Die Welt ist doc

ein Dorf...

77. Tag:

Suchen Sie im Internet nach verwandten Seelen. Die gibt's da, glauben Sie mir: Im Weh-Weh-Weh findet sich Herzeleid bis zum Abwinken. Sie stoßen mit Sicherheit auf Storys, die schlimmer sind als Ihre. Das beste Mittel, um Sie wieder aufzubauen.

Okay, doch, ich wüsste noch was anderes, aber das ist zu brutal.

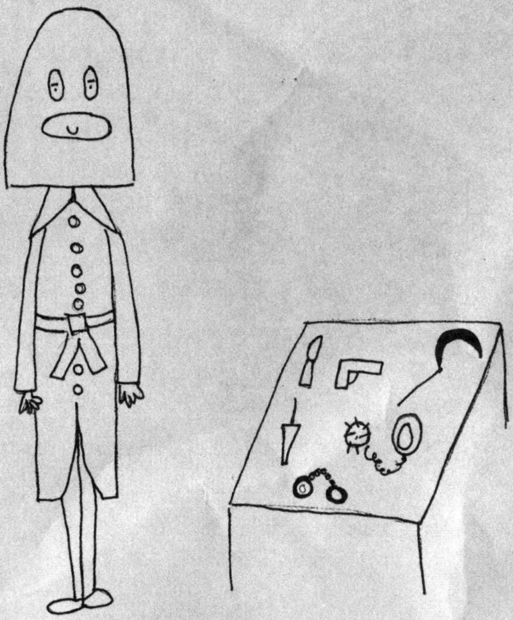

FAUCH FAUCH
CHCHCH
Polizei

78. Tag:

Fauchen Sie
Frischverliebte an.

79. Tag:

Verbrennen Sie alte Fotos von Ihnen beiden.

Wie konnte ich nur!?!

80. Tag:

Schaffen Sie sich alles vom Hals, was noch irgendwo herumliegt und Sie möglicherweise an ihn erinnert.

81. Tag:

Schreiben Sie den Namen von Ihrem Ex zehnmal auf ein Blatt Papier. Stellen Sie eine rote Kerze auf das Blatt.

Wenn die Kerze heruntergebrannt ist und das Papier Feuer fängt,

haben Sie ihn verhext.

Okay...
Ich denke
IMMER NOCH
an ihn.

82. Tag:

Damit das klar ist: Ihr zwei seid Todfeinde. Woody und Mia sind ein Dreck dagegen.

ABER NICHT SO SEHR
WIE ICH DICH!!
Central Park

83. Tag:

Achtung:
Sämtliche neuen Bekannten heißen genau wie Ihr Ex. Es ist okay, sie zu hassen.

HALLO, ICH HEISSE ALEX.
HALLO, ICH BIN ALEX.
HALLO, ICH BIN ALEXANDRA, ABER DU KANNST ALEX ZU MIR SAGEN.

84. Tag:

Gedächtnisverlust – das wär's jetzt! Lässt sich allerdings nur schwer oder eigentlich gar nicht selbst herbeiführen, meint mein Arzt. Ich tu mich deswegen noch mal um, aber eins steht fest: Mentale Blockaden zu entwickeln ist ein Kinderspiel.

Tut mir leid, ich weiß nur noch, was heute war... wer sind Sie?
Ich heiße Agnes... aber du kannst MAMA zu mir sagen!!!

85. Tag:

Johanniskraut.

- Beachten Sie die Hinweise in der Packungsbeilage nicht weiter.
- Trinken Sie nach Herzenslust. Bis zum Anschlag.

KRANKENWAGEN

86. Tag:

Treffen Sie sich bloß nicht mit Freunden, die sich gerade „aus heiterem Himmel" unsterblich verliebt haben und über nichts anderes reden wollen, als dass alles plötzlich viel besser schmeckt und die Sonne heller scheint. Echt ätzend.

Freut mich riesig für euch.

Auch wenn's nicht lange hält.

Tut es ja nie.

Krieg ich mal die Shrimps, bitte?

Okay,
so langsam drehe ich wohl wirklich
DURCH.

87. Tag:

Üben Sie eine Zeit lang vor dem Spiegel bedrohliche Blicke. Die können Sie brauchen, wenn Sie „rein zufällig" im Büro seiner neuen Freundin aufkreuzen.

88. Tag:

Gehen Sie
in die Kirche, und
stärken Sie sich
im Gebet.

Hallo Satan!

Wenn du mir Alex gibst,
gehe ich nie wieder
in die Kirche.
Ich schwör's.

Amen.

Sie sind heute schon zum fünften Mal da!!!
SPIRITUOSEN

89. Tag:

Wechseln Sie zu harten Getränken. Alles unter vierzig Prozent lohnt die Mühe nicht.

90. Tag:

Nicht die Erinnerungen – Kohlenhydrate sind Ihr wahrer Feind, machen Sie sich das klar. Entwickeln Sie eine unerklärliche Vorliebe für reine Eiweißprodukte in fester Form.

NEUE FLEISCHRIEGELREZEPTE
WUNDERKUR GEGEN DEPRESSIONEN
DIE FLEISCHRIEGEL-DIÄT
Erfolgreich getestet

91. Tag:

Nicht bei ihm anrufen.

KEIN
ANSCHLUSS
UNTER
DIESER NUMMER.

92. Tag:

Ihm auch keine E-Mail schreiben.

:(

ANNAHME VON
E-MAIL VERWEIGERT

93. Tag:

NICHT noch eine Katze,
auf KEINEN Fall,
nein. Sonst haben Sie
irgendwann 18 Stück
wie die verrückte Alte
unten in dem Eckhaus.

194. Tag:

Kein schlechtes Gewissen wegen des Geschenkabos für den Playboy. An seine Büroadresse.

ALEX!
PLAYBOY IM BÜRO!!
DU SCHWEINE-
PRIESTER!

Julian und er sind ja so ein süßes Pärchen!

95. Tag:

Sagen Sie einfach, es konnte nicht funktionieren, weil er nämlich in Wahrheit schwul ist, und dass er Ihren Segen hat.

96. Tag:

Mit einem Mal sind die ganzen Sitcoms gar nicht mehr so schwachsinnig ...

Na super!
Mein Leben ist ein einziges Klischee,
mit Jennifer Aniston
in der Hauptrolle!

TINA!
LASS ES GUT SEIN!
IHR SEID JETZT SEIT
DREI MONATEN GETRENNT.
UND WIR KONNTEN DICH SOWIESO
NIE
AUSSTEHEN.

97. Tag:

Halten Sie weiter guten Kontakt zu seinen Eltern.

98. Tag:

Ein Mädel braucht mindestens drei gute Freunde als Begleiter beim Ausgehen. Die haben Sie doch, oder?

WOW!
GUCK DIR DIE KLEINE DA AN.
HEY, UND DIE MÖPSE VON DER DA?
BIS SPÄTER, TINA!

99. Tag:

Gehen Sie auf eine Party, bei der er mit

Sicherheit aufkreuzen wird, und hauen Sie

voll auf den
Putz.

NEIN, ich heule nicht, mir ist schlecht.
Einen Tequila Sunrise, aber zackig!

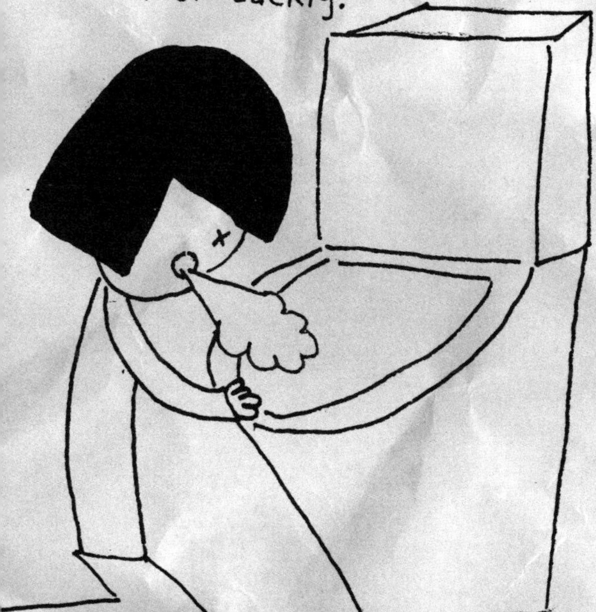

☑ 100. Tag:

Okay, gehen wir noch mal durch, was wir alles gelernt haben:

- Wir sind starke Frauen und lassen uns gefühlsmäßig nicht an die Leine legen.
- Wir denken mit dem Kopf und nicht mit dem Herzen.
- Und von dem nächsten Typen, mit dem wir uns einlassen, sammeln wir abgeschnittene Fingernägel, Haarbüschel und Hautschuppen für eine Voodoo-Puppe. Nur zur Sicherheit.

Wow, ist das eine heiße Braut! Hey Schatzi, holst du mir noch 'n Bier?
BIER FORMTE DIESEN SCHÖNEN KÖRPER
Brandneuer Freund

Danksagung

Dank an Angelo, Ann, Anna, Asher, Cameron, Cara, Christopher, Clay, Frank, Isa, James, Kelly, Michael, Mike, Richard, Rotem, Scott, Sean, Tia, Tricia, Ucef, Whitney und Dr. Marcuse.

Über die Autorin

Mandana Hoveyda ist eine preisgekrönte Werbetexterin und Illustratorin und lebt in New York. „Weg vom Ex" ist ihr erstes Buch.

Über die Übersetzerin

Martina Tichy lebt in der Nähe von München und übersetzt seit gut zehn Jahren Ernstes und Lustiges aus dem Englischen.